THE WEAPONS ENCYCLOPÆDIA
TANK AIRCRAFT AFV SHIP ARTILLERY VEHICLES SECRET WEAPON

TWE-034 ITA

PANZER IV Sd.Kfz. 161

THE WEAPONS ENCYCLOPAEDIA

EDITORIAL STAFF
Luca Cristini, Paolo Crippa.

REDAZIONE ACCADEMICA
Enrico Acerbi, Massimiliano Afiero, Aldo Antonicelli, Ruggero Calò, Luigi Carretta, Flavio Chistè, Anna Cristini, Carlo Cucut, Salvo Fagone, Enrico Finazzer, Arturo Giusti, Björn Huber, Andrea Lombardi, Aymeric Lopez, Marco Lucchetti, Gabriele Malavoglia, Luigi Manes, Giovanni Maressi, Francesco Mattesini, Daniele Notaro, Péter Mujzer, Federico Peirani, Alberto Peruffo, Maurizio Raggi, Andrea Alberto Tallillo, Antonio Tallillo, Roberto Vela, Massimo Zorza.

PUBLISHED BY
Luca Cristini Editore (Soldiershop), via Orio, 35/4 - 24050 Zanica (BG) ITALY.

DISTRIBUTION BY
Soldiershop - www.soldiershop.com, Amazon, Ingram Spark, Berliner Zinnfigurem (D), LaFeltrinelli, Mondadori, Libera Editorial (Spain), Google book (eBook), Kobo, (eBoook), Apple Book (eBook).

PUBLISHING'S NOTES
None of unpublished images or text of our book may be reproduced in any format without the expressed written permission of Luca Cristini Editore (already Soldiershop.com) when not indicate as marked with license creative commons 3.0 or 4.0. Luca Cristini Editore has made every reasonable effort to locate, contact and acknowledge rights holders and to correctly apply terms and conditions to Content. Every effort has been made to trace the copyright of all the photographs. If there are unintentional omissions, please contact the publisher in writing at: info@soldiershop.com, who will correct all subsequent editions.

LICENSES COMMONS
This book may utilize part of material marked with license creative commons 3.0 or 4.0 (CC BY 4.0), (CC BY-ND 4.0), (CC BY-SA 4.0) or (CC0 1.0). We give appropriate attribution credit and indicate if change were made in the acknowledgments field. Our WTW books series utilize only fonts licensed under the SIL Open Font License or other free use license.

CONTRIBUTORS OF THIS VOLUME & ACKNOWLEDGEMENTS
Ringraziamo i principali collaboratori di questo numero: I profili dei carri sono tutti dell'autore. Le colorazioni delle foto sono di Anna Cristini. Ringraziamenti particolari a istituzioni nazionali e/o private quali: Stato Maggiore dell'esercito, Archivio di Stato, Bundesarchiv, Nara, Library of Congress, Wikipedia, USAF, Signal magazine, Cronache di guerra, Fronte di guerra, IWM, Australian War Museum, ecc. A P.Crippa, A.Lopez, Péter Mujzer, L.Manes, C.Cucut, archivi Tallillo. Model Victoria (www.modelvictoria.it) ecc. per avere messo a disposizione immagini o altro dei loro archivi.

For a complete list of Soldiershop titles, or for every information please contact us on our website: www.soldiershop.com or www.cristinieditore.com. E-mail: info@soldiershop.com. Keep up to date on Facebook https://www.facebook.com/soldiershop.publishing

Titolo: **PANZER IV SD.KFZ. 161** Code.: **TWE-034 IT**
Collana curata da/Autore: Luca Stefano Cristini
ISBN code: 9791255891932 Prima edizione febbraio 2025
THE WEAPONS ENCYCLOPAEDIA (SOLDIERSHOP) is a trademark of Luca Cristini Editore

THE WEAPONS ENCYCLOPÆDIA
TANK AIRCRAFT AFV SHIP ARTILLERY VEHICLES SECRET WEAPON

PANZER IV
SD.KFZ. 161

LUCA STEFANO CRISTINI

BOOK SERIES FOR MODELERS & COLLECTORS

INDICE

Introduzione 5
- Lo sviluppo 5
- Caratteristiche tecniche 6

Le versioni dei mezzi 15
- Panzer III Ausf. A - B - C -D 15
- Panzer III Ausf. E - F 16
- Panzer III Ausf. G - H - J - L - M - N 18
- Altre versioni modificate 20

Impiego operativo 23
Mimetica e segni distintivi 41
Produzione ed esportazione 47
Scheda tecnica 52
Bibliografia 58

▲ Panzer IV Ausf. D. Oltre agli aggiornamenti della corazza, fu reintrodotta la mitragliatrice ad arco. Australian Armour and Artillery Museum.

INTRODUZIONE

Il Panzerkampfwagen IV, comunemente noto come Panzer IV, è uno dei carri armati più iconici della Seconda Guerra Mondiale, rappresentando la spina dorsale delle divisioni corazzate tedesche durante il conflitto. Sviluppato a partire dalla metà degli anni '30, il Panzer IV fu inizialmente concepito come un carro di supporto alla fanteria, destinato a lavorare a fianco del più leggero Panzer III, il cui ruolo principale era l'ingaggio dei mezzi corazzati nemici. Tuttavia, l'evoluzione delle tattiche belliche e la crescente superiorità tecnologica degli avversari trasformarono il Panzer IV in una macchina polivalente, continuamente aggiornata per rimanere competitiva sul campo di battaglia.

Prodotto in oltre 8.500 esemplari tra il 1937 e il 1945, il Panzer IV fu utilizzato su tutti i fronti principali del conflitto, dal deserto nordafricano alle steppe russe, dimostrando una straordinaria versatilità e una capacità unica di adattarsi a ruoli e situazioni diverse. Le numerose varianti del carro, classificate da Ausf. A a Ausf. J, riflettono questa evoluzione, includendo miglioramenti in armamento, corazzatura e mobilità.

Nonostante fosse progressivamente superato dai carri alleati più moderni, come il T-34 sovietico e lo Sherman statunitense, il Panzer IV rimase in servizio fino alla fine della guerra grazie alla sua affidabilità meccanica e alla relativa semplicità di produzione. Il suo impatto storico e tecnologico ne ha fatto un simbolo della potenza militare tedesca e un soggetto di grande interesse per studiosi e appassionati di storia militare e di modellismo.

▲ Maggio 1940: un Panzerkampfwagen IV, versione A, della 9ª Divisione Panzer durante l'avanzata attraverso i Paesi Bassi, presumibilmente vicino a Moerdijk. Il numero '432' sulla torretta indica la 4ª compagnia, 3° plotone, 2° carro. In primo piano è parcheggiata una motocicletta DKW SB350 della Wehrmacht.

▲ Le prime versioni del Panzer IV (qui Ausf. D) avevano un design molto simile a quello del Panzerkampfwagen III.

■ LO SVILUPPO

Il Panzer IV nacque in un contesto in cui la Germania stava ricostruendo le sue forze armate sotto il regime nazista, violando le restrizioni imposte dal Trattato di Versailles. Nel 1934, l'esercito tedesco (Heer) iniziò a pianificare la creazione di una forza corazzata moderna che potesse supportare la sua dottrina militare basata sulla Blitzkrieg, o guerra lampo. In questa visione, i carri armati avrebbero avuto ruoli distinti e complementari. Il Panzer III sarebbe stato il principale cacciacarri, mentre il Panzer IV, inizialmente designato "Bataillonsführerwagen" (veicolo del comandante di battaglione), avrebbe fornito supporto diretto alla fanteria e neutralizzato postazioni nemiche fortificate.

Nel 1935, la Krupp ricevette il contratto per progettare il Panzer IV. Il prototipo iniziale, denominato Ausf. A, fu completato nel 1936. Questo modello era equipaggiato con un cannone corto da 75 mm KwK 37 L/24, specificamente progettato per lanciare proiettili esplosivi ad alto potenziale (HE) piuttosto che penetranti. La corazzatura era relativamente sottile, con uno spessore massimo di 15 mm, sufficiente contro armi leggere ma vulnerabile ai cannoni anticarro più potenti dell'epoca.

Con il progredire della guerra e l'emergere di minacce più sofisticate, il Panzer IV fu continuamente modificato per affrontare nuove sfide. Dal modello Ausf. C in poi, lo spessore della corazzatura fu gradualmente aumentato. L'introduzione del Panzer IV Ausf. F2 nel 1942 rappresentò un punto di svolta: il cannone corto fu sostituito con il più potente KwK 40 L/43 da 75 mm, capace di penetrare la corazza dei carri avversari come il T-34 e il KV-1 sovietici. Questa versione trasformò il Panzer IV in un carro armato da combattimento principale, adatto sia per il supporto alla fanteria sia per il confronto diretto con i mezzi nemici.

Parallelamente, il design del Panzer IV fu ottimizzato per semplificare la produzione e ridurre i costi. Dalla versione Ausf. H in poi, furono introdotti elementi come le Schutzpanzerungen, pannelli corazzati aggiuntivi montati ai lati dello scafo e della torretta, per migliorare la protezione contro i proiettili perforanti e i razzi. La corazza frontale arrivò a uno spessore di 80 mm, aumentando notevolmente la sopravvivenza del veicolo sul campo di battaglia. Tuttavia, questi miglioramenti resero il carro più pesante e meno manovrabile, riducendone leggermente la velocità e l'agilità.

Le capacità di produzione del Panzer IV furono un altro elemento cruciale per il suo successo. A differenza di veicoli più avanzati come il Tiger o il Panther, che richiedevano processi di fabbricazione complessi

▲▼ Catene di montaggio del Panzer IV: il notevole successo e l'elevato numero dei carri realizzati di questo modello comportarono una buona organizzazione produttiva distribuita su più stabilimenti in tutto il Reich. In queste due imagini (una vista dall'alto) delle officine Nibelungenwerk, nella città di Sankt Valentin nella Bassa Austria.

PANZER IV SD.KFZ. 161

▲ Un panzer IV Ausf. A che esegue un esercizio dimostrativo di attraversamento dell'acqua mentre viene osservato dagli ufficiali della Wehrmacht. (Bundesarchiv).

e costosi, il Panzer IV era relativamente semplice da costruire e mantenere. Questo ne permise la produzione su larga scala, rendendolo il carro armato tedesco più numeroso della guerra, con oltre 8.500 unità realizzate tra il 1937 e il 1945.

Lo sviluppo del Panzer IV non si limitò solo al carro principale: molte varianti specializzate furono introdotte per soddisfare esigenze specifiche. Tra queste, il Sturmpanzer IV, un obice d'assalto utilizzato per bombardare posizioni nemiche, e il Flakpanzer IV, una piattaforma antiaerea montata sullo scafo del Panzer IV. Queste modifiche evidenziano la flessibilità del progetto e la sua capacità di adattarsi a una vasta gamma di ruoli sul campo di battaglia.

In definitiva, il Panzer IV rappresentò un perfetto equilibrio tra potenza, affidabilità e capacità di evolvere, diventando un simbolo della meccanizzazione della guerra e un elemento fondamentale delle operazioni militari tedesche.

■ CARATTERISTICHE TECNICHE

Il Panzerkampfwagen IV, progettato per soddisfare una varietà di ruoli sul campo di battaglia, rappresentava un capolavoro di ingegneria militare per la sua epoca. Le sue caratteristiche tecniche furono continuamente migliorate nel corso della produzione, permettendogli di rimanere efficace contro un panorama bellico in rapido cambiamento. Di seguito, un'analisi approfondita delle sue principali componenti.

Scafo e torretta

Lo scafo del Panzer IV era di design convenzionale, con una struttura rettangolare costruita con lamiere d'acciaio saldate o rivettate, a seconda delle varianti. Le prime versioni, come l'Ausf. A, avevano una corazzatura frontale di soli 15 mm, sufficiente contro le armi leggere. Tuttavia, con l'introduzione delle varianti successive, lo spessore della corazza fu aumentato progressivamente, arrivando a 80 mm nella versione Ausf. H.

La torretta, montata su un anello di rotazione ampio, consentiva un movimento di 360 gradi e ospitava il cannone principale e una mitragliatrice coassiale. Era azionata manualmente o tramite un sistema elettrico, con una velocità di rotazione che variava a seconda della versione. La torretta offriva spazio per tre membri dell'equipaggio: il comandante, l'artigliere e il servente.

Armamento

Il cannone principale del Panzer IV variò significativamente nel corso della produzione.
- **KwK 37 L/24 (Ausf. A-F1):** Questo cannone corto da 75 mm era progettato principalmente per il supporto alla fanteria, utilizzando munizioni esplosive ad alto potenziale (HE) per distruggere fortificazioni leggere e posizioni nemiche.
- **KwK 40 L/43 e L/48 (Ausf. F2-J):** Con l'introduzione di queste versioni, il Panzer IV divenne un carro armato versatile e adatto al combattimento contro altri mezzi corazzati. Questi cannoni, con una maggiore velocità alla volata, erano in grado di penetrare la corazza dei carri alleati, inclusi il T-34 sovietico e lo Sherman statunitense.

Oltre al cannone principale, il Panzer IV era equipaggiato con mitragliatrici MG 34 da 7,92 mm, montate coassialmente e nello scafo per la difesa ravvicinata contro la fanteria.

Corazzatura

La protezione del Panzer IV fu uno degli aspetti più migliorati durante la sua evoluzione:
- Le prime versioni (Ausf. A-D) disponevano di corazzatura frontale di 15-30 mm e laterale di 10-15 mm, vulnerabile alle armi anticarro di media potenza.

▼ A partire dall'Ausf. D, tutti i carri armati Panzer IV ricevettero il motore Maybach da 300 CV utilizzato anche nel Panzer III.

- Con l'introduzione dell'Ausf. F e delle successive versioni, lo spessore fu incrementato a 50 mm frontalmente, con l'aggiunta di pannelli corazzati aggiuntivi per proteggere le superfici laterali.
- L'Ausf. H e l'Ausf. J videro l'adozione di corazzature appliqué e schermature laterali (Schürzen) per migliorare la resistenza contro proiettili perforanti e razzi come il PIAT britannico e il Bazooka statunitense.

Propulsione e mobilità

Il Panzer IV era alimentato da un motore Maybach, che variava leggermente in potenza tra le diverse versioni:
- **Maybach HL 108 TR:** Utilizzato nelle prime versioni, questo motore forniva 250 CV.
- **Maybach HL 120 TRM:** Montato dall'Ausf. E in poi, aumentava la potenza a 300 CV, migliorando le prestazioni complessive.

La trasmissione era manuale, con sei o sette marce avanti e una indietro, a seconda della versione. La velocità massima su strada variava tra i 38 e i 42 km/h, mentre in fuoristrada si aggirava intorno ai 15-20 km/h.

Le sospensioni erano del tipo a balestre semi-ellittiche, una scelta semplice e affidabile, anche se non offrivano la stessa qualità di guida dei sistemi più avanzati come le barre di torsione usate su altri carri. La pressione al suolo relativamente bassa del Panzer IV ne consentiva un'ottima mobilità su terreni moderatamente difficili, anche se soffriva in condizioni di fango profondo o neve.

Elettronica e sistemi interni

Il Panzer IV era dotato di un sistema radio FuG 5, standard per le unità corazzate tedesche. Questo sistema consentiva comunicazioni efficaci tra i veicoli e i comandi superiori, offrendo un importante vantaggio tattico. La disposizione interna era ben organizzata per consentire un rapido accesso alle munizioni e agli strumenti, migliorando l'efficienza dell'equipaggio.

▲ Un Panzer IV Ausf. F1 a canna corta, esposto nei cortili delle officine Nibelungenwerk.

Equipaggio

L'equipaggio del Panzer IV era composto da cinque membri:
- **Comandante:** Responsabile del coordinamento e dell'osservazione.
- **Artigliere:** Addetto alla mira e al tiro del cannone principale.
- **Caricatore:** Responsabile del caricamento del cannone.
- **Pilota:** Posizionato nello scafo anteriore sinistro, manovrava il veicolo.
- **Radio-operatore/mitragliere:** Gestiva le comunicazioni e la mitragliatrice montata nello scafo.

La disposizione dell'equipaggio era studiata per massimizzare l'efficienza operativa e garantire una buona sinergia tra i ruoli.

Varianti e personalizzazioni

Il design flessibile del Panzer IV permise la creazione di numerose varianti specializzate, adattate a diversi scenari:
- **Sturmpanzer IV (Brummbär):** Obice d'assalto con un cannone da 150 mm per distruzione di fortificazioni.
- **Flakpanzer IV (Wirbelwind e Ostwind):** Versioni antiaeree armate con cannoni automatici da 20 mm o 37 mm.
- **Jagdpanzer IV:** Cacciacarri con un cannone da 75 mm a lunga gittata, montato su una sovrastruttura fissa.

Difetti e limitazioni

Nonostante le numerose qualità, il Panzer IV non era privo di difetti:
- **Peso crescente:** Con l'aumentare della corazzatura e dell'armamento, il peso del veicolo incrementò fino a oltre 25 tonnellate, riducendone la velocità e la manovrabilità.
- **Design datato:** Verso la fine della guerra, il Panzer IV risultava superato dai carri più moderni come il T-34/85 sovietico e il Pershing statunitense.
- **Vulnerabilità laterale:** Nonostante i miglioramenti, i fianchi del veicolo rimasero relativamente deboli contro le armi pesanti.

▲ Primo piano di una torre leggermente danneggiata. Delle due aperture panoramiche, attualmente chiuse, quella di destra è stata omessa nelle versioni successive. Nella foto piccola: freno di bocca montato sugli Ausf. G.

▲ Settembre 1939, invasione della Polonia. Due carri armati IV, modello A, che attraversano un villaggio. Bundesarchiv.

▼ Panzer IV Ausf. A sfilano per le strade di Komotau, nella regione dei Sudeti appena annessa alla Germania nel 1938. Bundesarchiv wiki CC3.

LE VERSIONI DEI MEZZI

Il Panzer IV attraversò un'evoluzione significativa durante la Seconda Guerra Mondiale, con versioni sviluppate per migliorare l'armamento, la corazzatura e la mobilità in risposta alle crescenti sfide poste dai nemici. Le versioni, identificate dalla sigla "Ausführung" (abbreviata in "Ausf."), sono qui descritte in ordine cronologico.

■ Panzer IV Ausf. A (1936-1937): il primo modello

Il Panzer IV Ausf. A, prodotto a partire dal 1937, rappresentò la prima versione del carro armato. Con una corazza di 14,5 mm sullo scafo e 20 mm sulla torretta, il Panzer IV Ausf. A era ben protetto contro i piccoli calibro, ma mostrava già i suoi limiti contro i carri nemici più pesanti. Il cannone da 7,5 cm KwK 37 L/24 era utile per combattere la fanteria e veicoli leggeri, ma risultava inefficace contro i carri corazzati.

- **Armamento:** Cannone corto da 75 mm KwK 37 L/24, progettato per munizioni ad alto potenziale esplosivo (HE).
- **Corazzatura:** Massimo 15 mm, sufficiente solo contro armi leggere.
- **Motore:** Maybach HL 108 TR da 250 CV.
- **Produzione:** Solo 35 unità costruite, principalmente per test e addestramento.

Questa versione servì da base per i miglioramenti successivi.

■ Panzer IV Ausf. B-C (1938-1939): miglioramenti alla mobilità e protezione

Le versioni successive, Ausf. B e C, furono prodotte rispettivamente nel 1938 e nel 1939. L'Ausf. B vide l'introduzione di nuove sospensioni e una leggera correzione dei difetti strutturali presenti nel modello A. Sebbene la corazza rimanesse simile, l'introduzione di una torretta più ampia e la revisione del sistema di sospensioni migliorò la mobilità, uno degli aspetti fondamentali per la guerra di manovra. Il Panzer IV Ausf. C, prodotto nel 1939, continuò su questa linea di evoluzione, con una corazza rinforzata fino a 30 mm nella parte frontale, che rendeva il veicolo più resistente contro i proiettili di artiglieria leggera.

▲ Un Panzer IV ausf. A impantanato nei pressi di un ponte distrutto in Russia (Bundesarchiv).

Panzer IV Ausf. B
L'Ausf. B introdusse alcuni miglioramenti rispetto alla versione A:
- **Corazzatura:** Incrementata a 20 mm sul frontale.
- **Motore:** Lo stesso Maybach HL 108 TR, ma con una trasmissione migliorata.
- **Produzione:** 42 unità.

Questa versione fu impiegata in combattimento durante le prime fasi della guerra, inclusa la Campagna di Polonia.

Panzer IV Ausf. C
L'Ausf. C rappresentò un ulteriore passo avanti nella produzione:
- **Corazzatura:** Frontale aumentato a 30 mm, con una maggiore resistenza ai proiettili perforanti.
- **Produzione:** 134 unità.

Questo modello partecipò all'invasione della Francia nel 1940, mostrando una certa vulnerabilità ai cannoni anticarro alleati.

▲ Panzer IV Ausf. C, 1943.

▼ Carro medio tedesco Panzer IV Ausf. J, con marchi finlandesi, esposto nel Museo dei carri armati finlandesi (Panssarimuseo) a Parola.

▲ Carro armato tedesco Panzer IV Ausf. D con il suo equipaggio completo ripreso in un momento di pausa, nella primavera 1940 in Francia (Bundesarchiv).

Panzer IV Ausf. D-E (1940-1941): l'inizio della sperimentazione con la potenza di fuoco

Nel 1940, l'Ausf. D rappresentò un'importante evoluzione del Panzer IV, con l'introduzione di un motore più potente e un miglioramento delle capacità di visibilità per l'equipaggio. La nuova torretta, più alta, consentiva una maggiore elevazione del cannone, mentre l'armamento principale, il 7,5 cm KwK 37, veniva aggiornato per migliorare la precisione. L'Ausf. D si rivelò un passo importante, ma la crescente minaccia rappresentata dai carri sovietici e dagli alleati più pesanti come il Churchill britannico obbligò la Wehrmacht a prendere in considerazione nuove modifiche. Nel 1941, l'Ausf. E offrì ulteriori miglioramenti, tra cui una corazza anteriore ulteriormente potenziata e una maggiore capacità di operare su terreni difficili, come quelli della Russia, dove la guerra si stava intensificando.

Panzer IV Ausf. D

Con l'Ausf. D, il Panzer IV cominciò a mostrare un design più maturo:

- **Corazzatura:** Rinforzata lateralmente e sul retro.
- **Armamento secondario:** Miglioramenti nella disposizione delle mitragliatrici MG 34.
- **Produzione:** 229 unità.

Fu ampiamente impiegato durante la Campagna di Francia e le operazioni nei Balcani.

Panzer IV Ausf. E

L'Ausf. E introdusse ulteriori migliorie che aumentarono l'efficacia del mezzo:

- **Corazzatura:** Incremento a 50 mm sul frontale tramite l'aggiunta di piastre saldate.
- **Motore:** Maybach HL 120 TRM da 300 CV, migliorando la velocità e l'affidabilità.
- **Produzione:** 223 unità.

Questa versione vide servizio durante l'Operazione Barbarossa.

Panzer IV Ausf. F (1942): l'arma anticarro inizia a prendere forma

Il vero punto di svolta per il Panzer IV arrivò nel 1942, con l'introduzione della versione Ausf. F. Questo modello segnò una transizione cruciale, in quanto l'armamento principale fu aggiornato con il cannone 7,5 cm KwK 40 L/43, un'arma decisamente più potente, in grado di penetrare le corazze nemiche più spesse. Questo cambiamento si rivelò vitale nella lotta contro i carri sovietici T-34 e KV-1, che avevano reso obsoleti molti carri tedeschi precedenti. Il Panzer IV Ausf. F, con il suo cannone più potente, divenne quindi una vera e propria minaccia per la fanteria e i veicoli nemici. La torretta e la corazza furono anche ulteriormente rinforzate per resistere a nuove minacce.

L'Ausf. F fu un importante punto di svolta:

- **Corazzatura:** Ulteriormente potenziata a 50 mm su tutte le superfici verticali.
- **Versioni:** L'Ausf. F fu prodotto in due sottovarianti:
    - **F1:** Montava ancora il KwK 37 L/24.
    - **F2:** Equipaggiato con il KwK 40 L/43, un cannone lungo da 75 mm capace di affrontare efficacemente i T-34 sovietici.
- **Produzione:** 462 unità (175 F1 e 287 F2).

L'Ausf. F2 segnò il passaggio del Panzer IV a un carro armato da combattimento principale.

Panzer IV Ausf. G-H (1942-1943): l'integrazione con le nuove esigenze

La versione G, introdotta nel 1942, portò una serie di modifiche ulteriori, tra cui l'aggiunta di corazza laterale e miglioramenti nel sistema di sospensioni, che aumentavano la stabilità del veicolo. Tuttavia, le sfide della guerra stavano crescendo, e la versione H, introdotta nel 1943, vide l'adozione di ulteriori miglioramenti per affrontare i nuovi carri alleati e le minacce aeree. La corazza frontale venne ulteriormente rinforzata, e il sistema di visibilità migliorato per permettere ai comandanti di vedere meglio sul campo di battaglia. L'Ausf. H rappresentò la versione più produttiva del Panzer IV, con numerosi esemplari costruiti per supportare le operazioni della Wehrmacht sul fronte orientale e in Africa settentrionale.

PROTOTIPO CARRO ARMATO PANZER IV AUSF. A

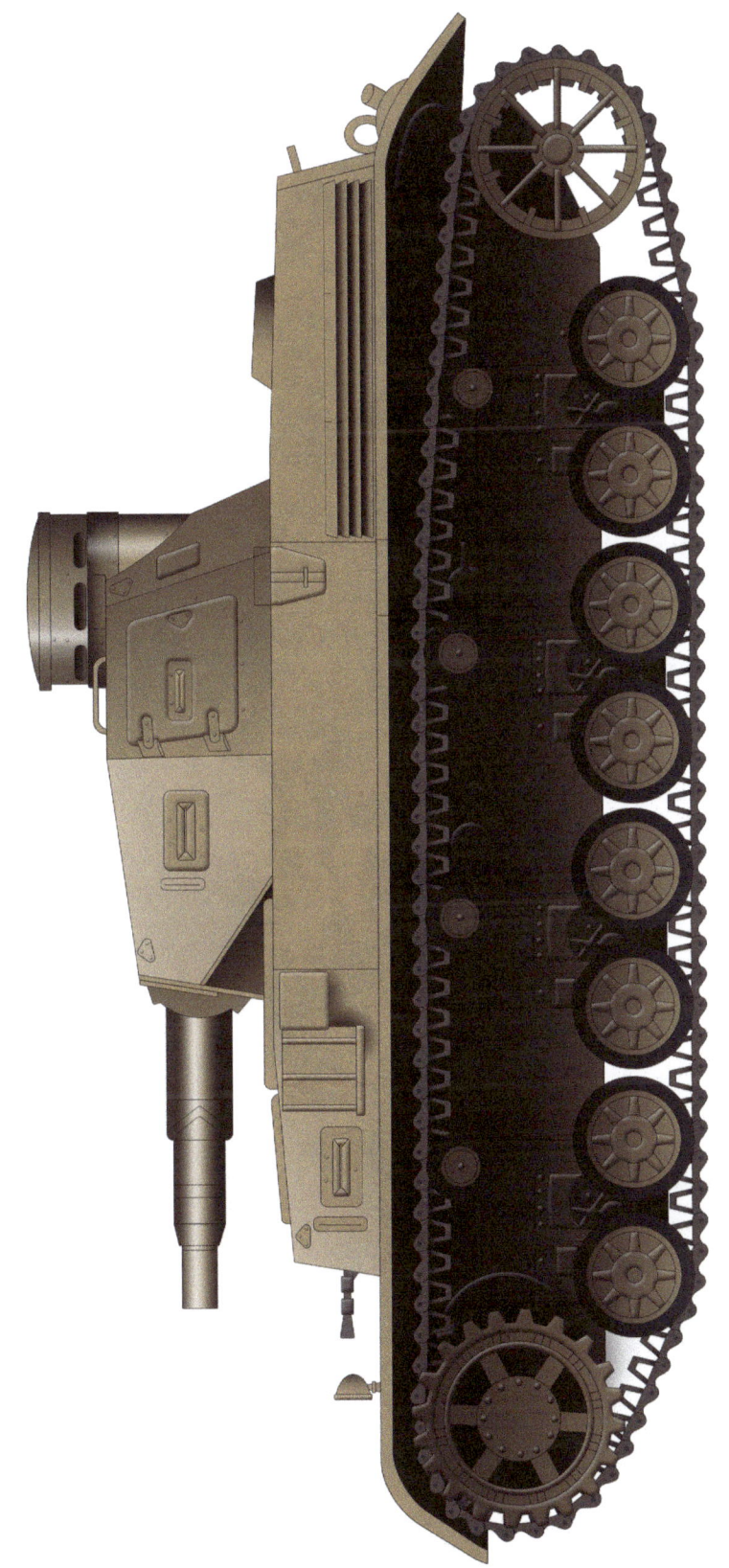

▲ Prototipo del Panzer IV Ausf A - Germania, 1938.

Panzer IV Ausf. G

L'Ausf. G rappresentò un altro passo avanti nell'armamento e nella protezione:

- **Cannone:** Lungo da 75 mm KwK 40 L/43, successivamente sostituito con il L/48 per una maggiore penetrazione.
- **Corazzatura:** Incrementata fino a 80 mm frontalmente.
- **Produzione:** Circa 1.700 unità.

Questa versione fu ampiamente utilizzata sia sul fronte orientale sia in Nord Africa.

Panzer IV Ausf. H

L'Ausf. H fu la versione più prodotta e uno dei modelli più robusti:

- **Corazzatura:** Aggiunta di Schürzen (schermature laterali) per protezione contro armi perforanti leggere e razzi anticarro.
- **Motore:** Lo stesso Maybach HL 120 TRM, ma il peso maggiore ridusse leggermente la mobilità.
- **Produzione:** Oltre 3.700 unità.

L'Ausf. H fu il pilastro delle divisioni corazzate tedesche nella seconda metà della guerra.

Panzer IV Ausf. J (1944-1945): la semplificazione per rispondere alla crisi

Alla fine del 1943, la Germania si trovò a fronteggiare una grave carenza di risorse, e la produzione di carri armati dovette essere semplificata. La versione J, l'ultima del Panzer IV, fu progettata con l'intento di ridurre i costi e accelerare la produzione. Alcune delle caratteristiche più avanzate furono eliminate, come le corazzature rimovibili e alcune delle complessità elettroniche. Nonostante le riduzioni nelle capacità tecnologiche, l'Ausf. J rappresentò l'ultima manifestazione di un carro armato che aveva avuto un ruolo cruciale durante tutta la guerra.

L'Ausf. J fu l'ultima variante prodotta, semplificata per ridurre i costi di produzione:

- **Sistema di rotazione della torretta:** Il motore elettrico fu rimosso, lasciando solo un meccanismo manuale.
- **Corazzatura:** Rimase simile all'Ausf. H, con alcune modifiche minori.
- **Produzione:** Circa 3.100 unità.

Nonostante fosse meno sofisticato, l'Ausf. J fu essenziale per sostenere gli sforzi bellici tedeschi fino alla fine della guerra.

Varianti Specializzate

Il Panzer IV fu la base per numerose varianti, progettate per compiti specifici:

- **Sturmpanzer IV (Brummbär):** Equipaggiato con un obice da 150 mm per attacchi contro fortificazioni.
- **Flakpanzer IV:** Versioni antiaeree come il Wirbelwind (con quattro cannoni da 20 mm) e l'Ostwind (con un cannone da 37 mm).
- **Jagdpanzer IV:** Cacciacarri armato con un cannone da 75 mm L/70 montato su uno scafo modificato.
- **Munitionsschlepper:** Veicolo per il trasporto di munizioni.
- **Bergepanzer IV:** Veicolo da recupero basato sullo scafo del Panzer IV.

Conclusioni: un modello che ha superato la prova del tempo

Nel complesso, il Panzer IV non solo rappresentò una delle piattaforme più riuscite della Wehrmacht, ma anche uno degli esempi di maggiore adattamento tecnologico e tattico durante la Seconda Guerra Mondiale. Dalle sue origini come supporto di fanteria, il Panzer IV si trasformò in un carro armato versatile, capace di affrontare ogni tipo di minaccia. Sebbene le versioni successive non potessero competere con i veicoli più pesanti come il Tiger, il Panzer IV rimase in prima linea per tutta la durata della guerra, dimostrando una notevole capacità di evolversi e rispondere alle mutevoli esigenze del conflitto.

CARRO ARMATO PANZER IV AUSF. B, POLONIA 1939

▲ Panzer IV Ausf. B (Vs. Kfz. 622), Panzer-Brigade 8, 5ª Panzer-Division, Opatów, Polonia, settembre 1939: seconda versione prodotta del Panzer IV, l'Ausf. B era armato con il cannone corto 7,5 cm KwK 37 L/24, progettato per il supporto alla fanteria. Durante la campagna di Polonia, questo modello rappresentava una componente innovativa della Blitzkrieg, offrendo un efficace supporto di fuoco grazie alla sua capacità di distruggere fortificazioni leggere e truppe nemiche. Tuttavia, era equipaggiato con una corazzatura relativamente sottile, che lo rendeva vulnerabile a proiettili anticarro più moderni.

▲ Ausf. E in marcia durante la vittoriosa avanzata in Unione Sovietica dell'estate 1941.

▼ Panzer IV Ausf. F in sosta in un villaggio ucraino.

▲ Panzer IV B passa in un villaggio francese sotto gli occhi curiosi degli abitanti. Francia, 1944 (Bundesarchiv).

▼ Un PzKpfw IV Ausf. H della 12ª Divisione Panzer in funzione sul fronte orientale in URSS, 1944.

CARRO ARMATO PANZER IV AUSF. C, FRANCIA 1940

▲ Panzer IV Ausf. C della 6ª Compagnia, II. Battaglione del Panzer-Regiment 15, 8ª Panzer-Brigade, 5ª Panzer-Division, Francia, giugno 1940.

IMPIEGO OPERATIVO

L'impiego operativo del Panzer IV durante la Seconda Guerra Mondiale è stato un aspetto cruciale per il successo delle forze armate tedesche, in particolare nelle fasi iniziali del conflitto, ma anche durante gli anni successivi, quando il Panzer IV si adattò alle esigenze di guerra sempre più complesse e alla crescente potenza dei carri armati nemici. Qui esamineremo in dettaglio come il Panzer IV fu utilizzato nei vari teatri di battaglia, le sue modifiche nel corso del conflitto e le sfide operative che affrontò.

■ LA BLITZKRIEG E LA CAMPAGNA DI FRANCIA (1940)

Il Panzer IV si rivelò fondamentale durante la Campagna di Francia, dove venne impiegato come parte integrante delle forze di panzer tedesche nella famosa "Blitzkrieg". Il carro, insieme al Panzer III, costituiva la spina dorsale delle forze corazzate tedesche, ma fu soprattutto il Panzer IV a emergere come il veicolo più versatile e affidabile in questa fase iniziale della guerra.

Il ruolo principale del Panzer IV in Francia fu quello di supporto alle forze di fanteria e di penetrazione delle difese nemiche. La sua mobilità, combinata con la capacità di distruggere fortificazioni e gruppi di fanteria nemica, lo rese ideale per le operazioni in profondità e per l'occupazione di posizioni nemiche. Tuttavia, nonostante la sua importanza, il Panzer IV non era in grado di affrontare efficacemente i carri armati alleati, come il Char B1 francese, ma si distinse nelle operazioni di assistenza alla fanteria e nei combattimenti contro obiettivi soft-skinned (senza protezione corazzata).

■ L'OPERAZIONE BARBAROSSA (1941)

L'invasione dell'Unione Sovietica nell'estate del 1941 segnò un cambiamento significativo nell'impiego operativo del Panzer IV. Durante l'Operazione Barbarossa, il Panzer IV fu coinvolto in combattimenti su vasta scala contro l'Armata Rossa, in particolare durante i primi mesi dell'invasione. Il carro tedesco si dimostrò efficace contro le forze sovietiche poco equipaggiate, ma la crescente presenza di carri armati sovietici, come il T-34 e il KV-1, metteva in evidenza le limitazioni del Panzer IV, che inizialmente non era in grado di contrastare efficacemente i carri armati pesanti sovietici.

▲ Fanteria russa in mimetica invernale davanti a Panzer IV con torretta e gonne laterali (Bundesarchiv).

Nonostante le difficoltà, il Panzer IV continuò a svolgere un ruolo di primo piano nelle battaglie di carri armati, sia in attacco che in difesa. L'armamento del cannone da 7,5 cm KwK 40 L/43, montato sulle versioni successive del Panzer IV, permise al carro di essere più competitivo contro i T-34 sovietici, anche se non era ancora in grado di distruggerli con facilità a distanze maggiori. La mobilità e la capacità di adattarsi ai terreni difficili lo resero un'arma utile per le manovre di aggiramento e le azioni di supporto.

■ LA CAMPAGNA DEL NORD AFRICA (1941-1943)

Il Panzer IV ebbe un ruolo cruciale anche nella Campagna del Nord Africa, dove fu schierato a fianco delle forze dell'Afrikakorps sotto il comando del feldmaresciallo Erwin Rommel. Inizialmente, i Panzer IV presenti in Nord Africa appartenevano alle varianti Ausf. D ed E, armate con il KwK 37 L/24. Questi mezzi si dimostrarono efficaci contro la fanteria e le fortificazioni leggere, ma soffrirono nei confronti dei carri britannici Matilda II, la cui corazza era difficile da perforare.

La situazione migliorò con l'introduzione delle varianti Ausf. F2, dotate del cannone KwK 40 L/43, che permise ai Panzer IV di affrontare efficacemente i carri britannici Crusader e gli americani Grant e Sherman. La superiorità tattica e la capacità di coordinare l'artiglieria e il supporto aereo consentirono ai Panzer IV di ottenere significative vittorie, come a Gazala e Tobruk nel 1942. Tuttavia, la crescente pressione logistica e la superiorità numerica alleata portarono alla sconfitta delle forze dell'Asse in Nord Africa nel 1943.

Le battaglie nel deserto evidenziarono sia i punti di forza sia le debolezze del Panzer IV. Il carro si dimostrò superiore ai mezzi alleati in termini di manovrabilità e capacità di colpire con precisione a medie distanze. Tuttavia, il clima estremo del deserto impose una manutenzione costante e un consumo accelerato di risorse, come filtri dell'aria e carburante, mettendo a dura prova la logistica tedesca.

▲ Colonna di Panzer IV avanza nelle strade sabbiose del Nord Africa.

CARRO ARMATO PANZER IV AUSF. D, FRANCIA 1940

▲ Panzer IV Ausf. D della 4ª Compagnia, I. Battaglione del Panzer-Regiment 7, 4ª Panzer-Brigade, 10ª Panzer-Division, Francia, maggio 1940.

▲ Colonna di Panzer IV Ausf. J finlandesi a Tuira, Oulu, Finlandia, nel novembre 1944.

▼ Carro armato Panzer IV della 4ª Divisione corazzata (Panzer Regiment 35) con gonne protettive alla torretta (indicata col numero 135). Oltre all'equipaggio, come di consueto, il mezzo veniva utilizzato anche dalla fanteria.

CARRO ARMATO PANZER IV AUSF. E, UNIONE SOVIETICA 1941

▲ Panzer IV Ausf. E della 4ª Compagnia, I. Battaglione del Panzer-Regiment 3, 2ª Panzer-Division, Unione Sovietica, luglio 1941.

IL PANZER IV SUL FRONTE ORIENTALE (1942-1944)

Con l'intensificarsi del conflitto sul fronte orientale, il Panzer IV continuò ad essere il carro principale delle forze corazzate tedesche, anche se la sua capacità di contrastare i carri armati sovietici più moderni, come il T-34/85 e il IS-2, veniva messa a dura prova. Durante la battaglia di Stalingrado (1942-1943) e la successiva offensiva sovietica, il Panzer IV affrontò le forze sovietiche in battaglie feroci.
La sua capacità di mantenere una certa efficacia nelle battaglie di carri armati, grazie all'evoluzione del suo armamento e della sua protezione, continuò a renderlo utile nelle operazioni difensive e di contenimento. Le versioni dotate di un cannone da 7,5 cm KwK 40 L/48 furono più in grado di affrontare i T-34, ma la crescente quantità di carri sovietici e la superiorità numerica dei russi portarono a gravi perdite per la Wehrmacht.

ITALIA E TEATRO DEL MEDITERRANEO (1943-1945)

Con l'invasione della Sicilia nel luglio 1943 e la successiva avanzata degli Alleati nella penisola italiana, il Panzer IV fu schierato per rallentare l'avanzata nemica. La versione Ausf. H, con la sua corazzatura rinforzata e le schermature laterali, era particolarmente adatta a difendere i passi montani e le posizioni fortificate. Le unità corazzate tedesche impiegarono il Panzer IV in battaglie decisive come Cassino e Anzio, dove il terreno accidentato e le condizioni climatiche limitarono spesso l'efficacia dei mezzi corazzati. Nonostante la crescente obsolescenza rispetto ai carri alleati, il Panzer IV continuò a rappresentare una minaccia significativa grazie alla sua versatilità e alla capacità di supportare la fanteria in operazioni difensive. In Italia, l'uso del Panzer IV si concentrò su azioni di retroguardia e difesa mobile, sfruttando il terreno difficile per rallentare le forze alleate. Le imboscate e le operazioni notturne divennero tattiche comuni per massimizzare l'efficacia dei carri. Tuttavia, l'arrivo di mezzi pesanti alleati, come il Churchill e i primi M26 Pershing, pose sfide crescenti.

▲ Panzer IV numero 813 stracarico di truppe in operazione durante la campagna d'Italia.

CARRO ARMATO PANZER IV AUSF. F, UNIONE SOVIETICA, GIUGNO 1941

▲ Panzer IV Ausf. F della 4ª Compagnia, I. Battaglione del Panzer-Regiment 31, 5ª Panzer-Division, Unione Sovietica, giugno 1941.

▲ Campagna nei Balcani, Grecia 1941 - Panzer IV (torretta numero 713) con equipaggio.

▼ Sud della Russia (Ucraina): due carri armati Panzer IV con mitragliatrici laterali e cannoni a tiro laterale su una strada notevolemnte infangata, tipica del teatro all'Est.

CARRO ARMATO PANZER IV AUSF. F1

▲ Panzer IV Ausf. F1 (7,5 cm) Sd.Kfz. 161: versione armata con il cannone corto 7,5 cm KwK 37 L/24, progettata per supporto di fanteria e impiegata nei primi anni della Seconda Guerra Mondiale.

■ IL PANZER IV NEI COMBATTIMENTI DI DIFESA (1943-1945)

Con l'evolversi della guerra e l'intensificarsi degli attacchi alleati su vari fronti, il Panzer IV venne progressivamente utilizzato più frequentemente in ruoli di difesa, piuttosto che in operazioni di attacco. Le sue capacità, purtroppo, non erano più al passo con i carri armati alleati, come lo Sherman M4 e il T-34/85, che avevano un armamento superiore e una maggiore mobilità. Tuttavia, il Panzer IV continuò a giocare un ruolo cruciale nella difesa delle città, delle linee fortificate e in alcune operazioni di contenimento. Le versioni del Panzer IV con corazze rinforzate e miglioramenti ai sistemi di tiro vennero utilizzate in battaglie urbane, come quelle che si svolsero durante l'occupazione della Germania da parte degli alleati, e in difesa contro l'Armata Rossa. Sebbene non fosse in grado di contrastare frontalmente i nuovi carri alleati, il Panzer IV continuò a svolgere un ruolo chiave nel supporto delle unità di fanteria e nell'offensiva limitata contro le forze avversarie.

■ IL FRONTE OCCIDENTALE (1944-1945)

Con lo sbarco in Normandia nel giugno 1944, il Panzer IV affrontò una nuova ondata di carri alleati, tra cui lo Sherman americano e il Churchill britannico. Nonostante fosse stato superato in termini di design dai carri più moderni come il Panther e il Tiger, il Panzer IV continuava a costituire la spina dorsale delle divisioni corazzate tedesche. La sua presenza era fondamentale per mantenere la capacità operativa delle forze corazzate, anche se la superiorità numerica e aerea degli Alleati rese sempre più difficile il suo impiego.

▲ Un carro armato britannico Crusader supera un Panzer IV tedesco in fiamme durante l'Operazione Crusader, alla fine del 1941 nella campagna del Nordafrica.

Durante la battaglia di Normandia, il Panzer IV si distinse per la sua capacità di ingaggiare efficacemente i carri alleati a media distanza. Tuttavia, la sua vulnerabilità agli attacchi aerei e alle armi anticarro moderne, come il bazooka americano e il PIAT britannico, ne limitarono l'efficacia complessiva. Le schermature laterali (Schürzen) furono progettate specificamente per affrontare queste minacce, ma non potevano compensare completamente le sue debolezze.

Le ultime fasi della guerra videro il Panzer IV coinvolto nelle battaglie della Linea Sigfrido e nell'offensiva delle Ardenne. In queste operazioni, il Panzer IV si dimostrò ancora un avversario temibile, ma l'usura dei mezzi, la carenza di carburante e la crescente pressione alleata portarono a un rapido declino delle sue capacità operative.

Il declino delle forze corazzate tedesche fu evidente nel 1945, quando il Panzer IV fu impiegato in azioni disperate di difesa urbana a Berlino e in altre città. Nonostante le gravi carenze, l'esperienza degli equipaggi e la capacità di sfruttare il terreno urbano permisero al Panzer IV di infliggere perdite significative agli Alleati, anche in circostanze sfavorevoli.

■ L'ULTIMA FASE DEL PANZER IV (1944-1945)

L'uso del Panzer IV nella fase finale della guerra si concentrò principalmente sulle difese interne della Germania e sulle linee del fronte orientale, dove veniva impiegato in ruoli di supporto e come veicolo di difesa contro le forze nemiche. A questo punto, molte delle versioni più avanzate del Panzer IV erano dotate di corazze più spesse, cannoni da 7,5 cm KwK 42 L/70 e altre modifiche che cercavano di mantenere il carro competitivo contro i veicoli alleati.

■ CONCLUSIONI SULL'IMPIEGO DEL PANZER IV

Nel complesso, il Panzer IV è stato uno dei carri armati più longevi della Seconda Guerra Mondiale, impiegato in numerosi teatri di battaglia e adattato a vari ruoli operativi. Sebbene non fosse mai il più potente o il più avanzato tra i carri armati della Wehrmacht, la sua versatilità e capacità di adattamento gli permisero di continuare a essere un elemento fondamentale per le forze tedesche, anche nei periodi più critici della guerra. La sua capacità di evolversi in risposta alle nuove sfide, dalle prime versioni di supporto alla fanteria alle più potenti versioni con cannoni da 7,5 cm L/70, lo rese un carro essenziale, capace di mantenere un certo livello di efficacia anche quando il conflitto volgeva al peggio per la Germania.

PUNTI DI FORZA NELL'IMPIEGO OPERATIVO

- **Versatilità:** Il Panzer IV poteva essere impiegato sia come mezzo di supporto alla fanteria sia come carro da combattimento controcarro, grazie alle numerose modifiche apportate nel corso della guerra.
- **Affidabilità:** Nonostante le condizioni difficili, il Panzer IV si dimostrò generalmente affidabile e facile da mantenere rispetto a modelli più complessi come il Panther.
- **Adattabilità:** La possibilità di montare equipaggiamenti aggiuntivi, come le Schürzen e i cannoni migliorati, consentì al Panzer IV di affrontare efficacemente le nuove minacce sul campo di battaglia.

LIMITI NELL'IMPIEGO OPERATIVO

- **Vulnerabilità:** Nonostante i miglioramenti, il Panzer IV rimase vulnerabile ai carri più moderni e alle armi anticarro pesanti.
- **Peso crescente:** L'aumento della corazzatura e dell'armamento ridusse progressivamente la mobilità del mezzo.
- **Obsolescenza:** Verso la fine della guerra, il Panzer IV era superato in termini di design dai nuovi carri alleati e sovietici.

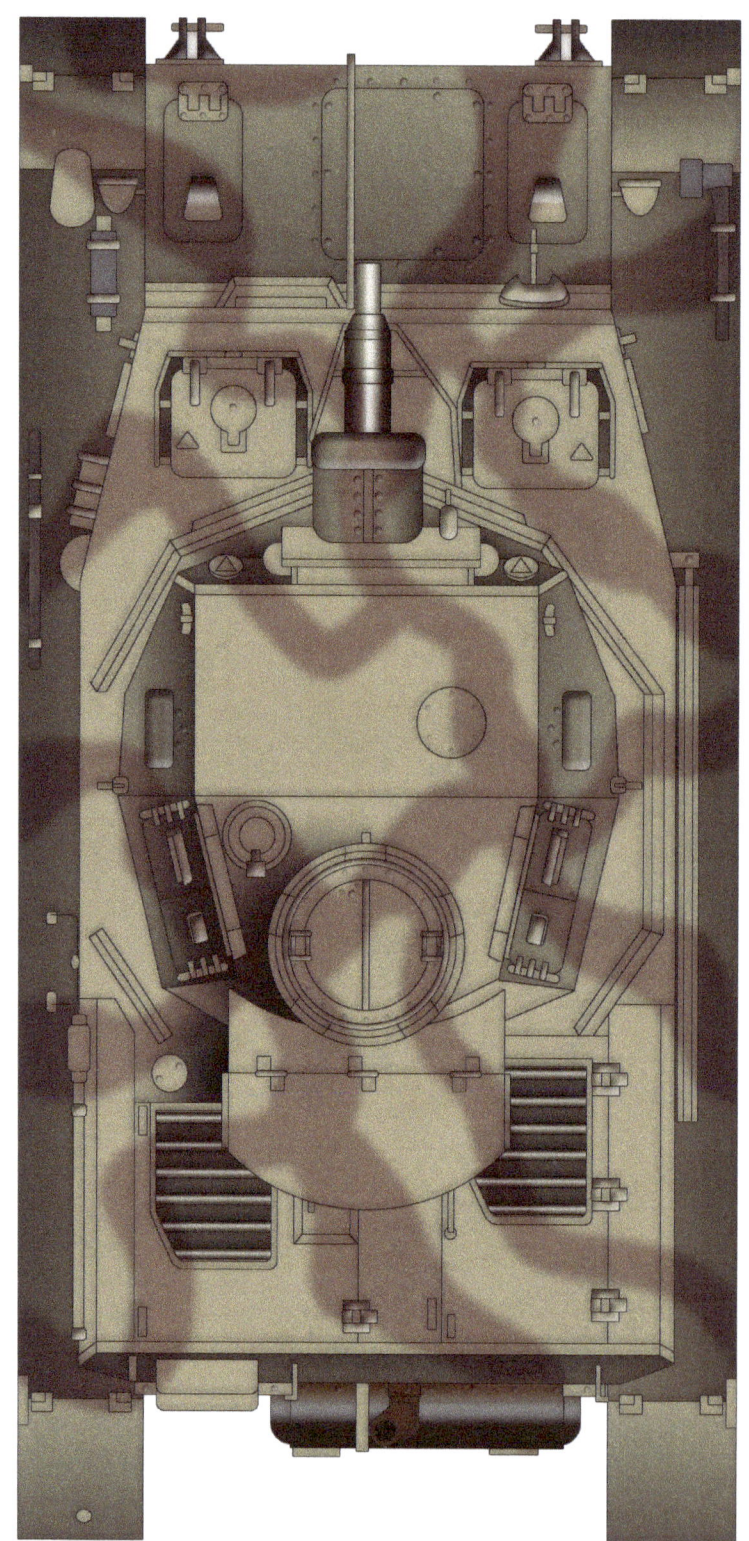

▲ Vista del profilo dall'alto del Panzer IV.

CARRO ARMATO PANZER IV AUSF. F2, EGITTO, OTTOBRE 1942

▲ Panzer IV Ausf. F2 del 4° Panzer-Regiment 5, 21ª Panzer-Division, El Alamein, Egitto, ottobre 1942: versione equipaggiata con il cannone lungo 7,5 cm KwK 40 L/43, progettato per affrontare veicoli corazzati avversari. Utilizzato durante la Campagna del Nordafrica, il modello F2 rappresentava un significativo miglioramento rispetto alle varianti precedenti, grazie alla maggiore potenza di fuoco e alla capacità di penetrazione migliorata.

▲ Campagna di Russia: colonna di Panzer IV che attraversa un corso d'acqua.

▼ Le versioni più moderne del Panzer IV furono di gran lunga superiori al T-34 fino all'introduzione del T34/85.

CARRO ARMATO PANZER IV AUSF. F2, ESTATE 1942

▲ Panzer IV Ausf. F2 della 3ª Compagnia, 60ª Divisione di Fanteria, periferia di Stalingrado, estate 1942: dotato del cannone lungo 7,5 cm KwK 40 L/43, progettato per contrastare efficacemente i carri armati sovietici. Questo modello venne impiegato durante l'assedio di Stalingrado, dimostrando la sua superiorità tecnica in un contesto di combattimenti urbani e campali estremamente intensi.

▲ Vista del carro Panzer IV di fronte e di retro.

▲ Estate 1944, campagna di Normandia, Panzer IV immobilizzato a St. Martin de Cenilly, Francia.

▼ Nonostante la sua forma convenzionale, il Panzer IV era un potente veicolo da combattimento.

CARRO ARMATO PANZER IV AUSF. G, UNIONE SOVIETICA, LUGLIO 1943

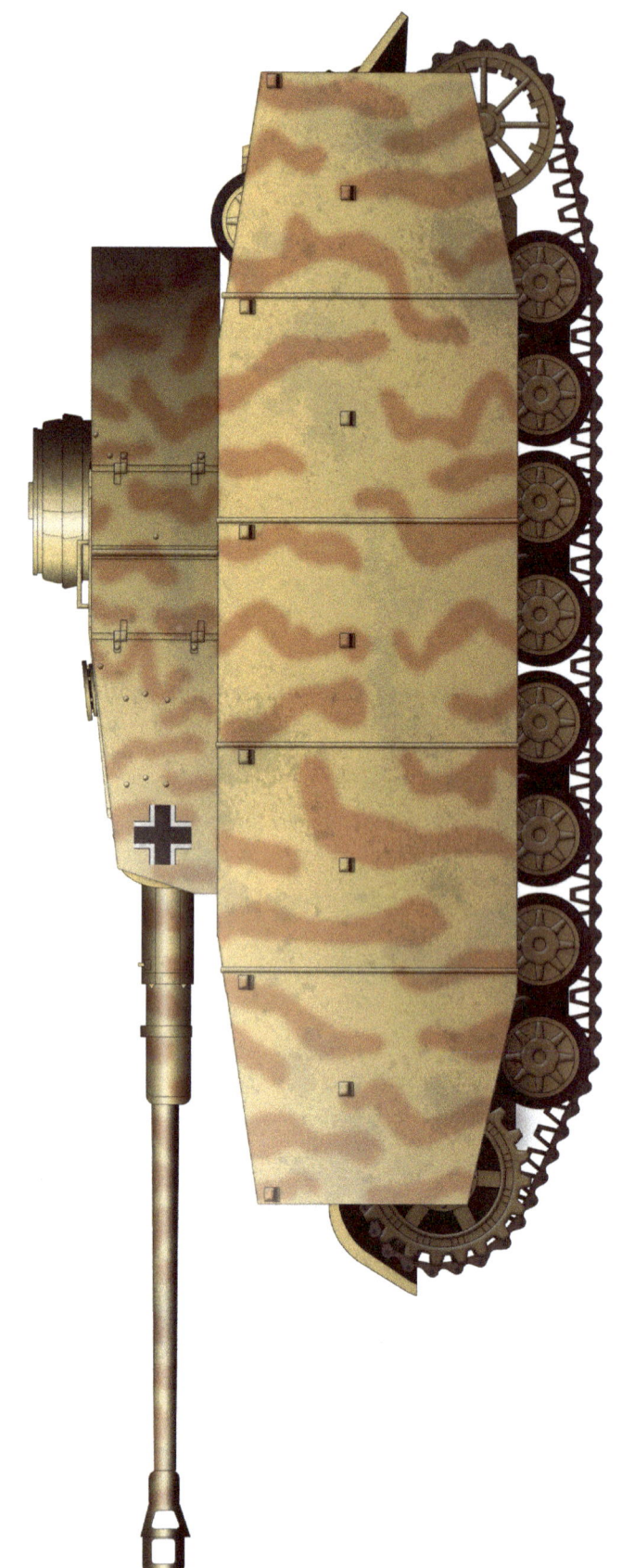

▲ Panzer IV Ausf. G della 6ª Compagnia, II. Battaglione del Panzer-Regiment Leibstandarte SS Adolf Hitler, 1ª SS-Panzer-Grenadier-Division "Leibstandarte SS Adolf Hitler", Unione Sovietica, settore di Kursk, luglio 1943: equipaggiato con il cannone 7,5 cm KwK 40 L/48, era progettato per affrontare i carri armati sovietici pesanti come il T-34. Durante la battaglia di Kursk, uno dei più grandi scontri tra corazzati della storia, il Panzer IV Ausf. G giocò un ruolo cruciale grazie alla sua combinazione di potenza di fuoco, mobilità e protezione.

MIMETICHE E SEGNI DISTINTIVI

Nelle prime fasi della guerra in Polonia e in Francia, l'esercito tedesco utilizzò principalmente veicoli verniciati in Dunkelgrau (RAL 7021), con alcuni mezzi dipinti anche in Dunkelbraun (RAL 7017) come motivo mimetico fino a quando l'Oberkommando des Heeres decise che si doveva utilizzare solo il Dunkelgrau. La decisione non riguardava solo i carri armati, bensì anche tutti gli altri mezzi o AFV: autoblindo, semicingolati e persino i carri cucina erano dipinti dello stesso colore.

Questo Dunkelgrau è spesso mostrato nelle illustrazioni in modo non troppo corretto. Il punto è che si tratta nella realtà di un colore grigio-bluastro molto scuro. Questo fatto erroneo è spesso dovuto al fatto che il grigio tende a "fondersi" efficacemente con i colori circostanti e di conseguenza ad apparire molto più chiaro.

La guerra combattuta, però, fece aprire gli occhi ai generali di Hitler, specialmente in Russia e in Africa. In entrambi i teatri operativi il Dunkelgrau si vedeva lontano chilometri, un chiaro invito al fuoco nemico. Perciò le divisioni tedesche in URSS utilizzarono qualsiasi materiale utile per colorare di bianco i loro veicoli, tra cui materiale naturale come gesso, lenzuola, neve ammucchiata fino all'inevitabile imbiancatura. La mimetica così ottenuta salvò la pelle a molti carristi…

Queste sbiancate dilettantesche avevano anche il vantaggio di lavarsi gradualmente con le piogge di fine inverno e inizio primavera, sciogliendosi come neve. Stesso problema in Libia, anche se qui il bianco non serviva, ci si dannò nel trovare una soluzione con la testardaggine tipica tedesca e alla fine si trovò una soluzione quando il Gelbbraun (RAL 8000) fu assegnato a quel fronte e i veicoli in Dunkelgrau furono rapidamente mimetizzati con il deserto. Oltre a colorare in Gelbraun, in Africa si utilizzò anche il Graugrün (RAL 7008), quest'ultimo in diverse varianti condizionate da quello che i carristi avevano a portata di mano, o che gli riusciva di catturare al nemico.

A partire dal 1942, i colori ufficiali cominciarono a scarseggiare al fronte e spesso anche in fabbrica. I mezzi militari venivano quindi dipinti utilizzando copie o schemi alternativi di colori, specialmente per i mezzi del deserto (più isolati rispetto alla madrepatria), utilizzando Braun (RAL 8020) e Grau (marrone e grigio, RAL 7027). Nelle pagine del libro troverete uno specchietto assai chiaro su queste tinte e la denominazione RAL.

Oltre che in Africa, anche sul fronte orientale si inizia a far ricorso a veicoli dipinti con la mimetica bicolore già in uso nel deserto. Va ricordato, comunque, che a metà conflitto la maggior parte dei carri tedeschi in Russia era ancora Dunkelgrau, almeno fino al 1943, quando l'OKH emise un nuovo ordine che prevedeva che il colore di base standard di tutti i veicoli divenisse il Dunkelgelb (giallo scuro, RAL 7028). Il colore non era un vero è proprio giallo, ma piuttosto tendente al bronzo. Colore delicato comunque, che variava, anche enormemente, in relazione a molti fattori: chi lo dipingeva, quanto veniva diluito con solventi, tempo, usura ecc. Il RAL 7028 offre, anche in bibliografia, un numero elevato di "varianti"!

COLORI E MIMETICHE ESERCITO TEDESCO WW2

- Dunkelgrau 1937-1941 RAL 7021
- Olivegrun RAL 6003 1943-1945 cam
- Olivegrun variante 1943-1945 cam
- Rotbraun RAL 8017 1943-1945 cam
- Gelbbraun RAL 8000 1941 fondo
- Graugrun RAL 7008 1941 cam
- Braun RAL 8020 1942 cam
- Grau RAL 7027 1942
- Dunkelgelb RAL 7028 1943-1945
- Dunkelgelb variante 1943-1945
- Panzer grey 1939-45
- Lichtblau interno RAL 5012
- Cingoli track
- Avorio interno RAL 1015

Fu così, un po' per caso, un po' per fortuna che si giunse ad ottenere quella moderna mimetica che i tedeschi chiamarono l'*Hinterhalt-Tarnung* o "*Ambush*". Un aspetto complicato da descrivere, ma nei fatti si tratta di un effetto di luce filtrata dal fogliame naturale, insomma, una mimetica assai efficace. Così come nelle opere d'arte, si poteva anche in questo caso parlare di stili, i più variegati possibile. Uno ricordava appunto il *pointillisme* degli impressionisti francesi. Uno più "orfico" anche detto a dischi o a chiazze. La scelta di uno stile o dell'altro era anche in un certo modo la firma della fabbrica che produceva i mezzi (a partire dalla metà del 1944 i mezzi venivano dipinti negli stabilimenti di produzione). I colori applicati in fabbrica erano una base di Dunkelgelb, con macchie di Rotbraun (rosso marrone) e Olivgrün (verde oliva). Sorsero sempre più spesso problemi di stoccaggio, temporali e altro che resero variegata la fornitura in uscita.

Nel dicembre 1944, infine, fu emesso un nuovo ordine che prevedeva che i carri armati fossero verniciati tutto con uno strato di base (sopra il primer rosso-ossido, il minio italiano) di Dunkelgrün e/o Olivgrün con applicazioni di strisce e macchie di Dunkelgelb e Rotbraun, e questo sembra essere l'ultimo ordine dato per la mimetizzazione a guerra in corso.

L'applicazione della mimetica era generalmente effettuata con spray di vernice ad aria compressa, in mancanza del quale si procedeva "alla vecchia": pennelli, spazzoloni o semplicemente stracci all'estremità di un bastone. Questi artifici, quest'arte di arrangiarsi finiva col moltiplicare le varianti mimetiche che sarebbero poi destinate al campo di battaglia.

Come tutti gli eserciti, anche quello tedesco aveva capito (spesso prima di molti) che occultare i veicoli nelle manovre difensive o offensive avrebbe aumentato le probabilità di sopravvivenza allo scontro. Oltre alla mimetizzazione dipinta sul veicolo stesso, veniva quindi spesso usato anche il fogliame (rami, cespugli, fieno, persino cataste di legna) per coprire il veicolo, di solito dalla parte anteriore, per renderlo ancora più difficile da individuare e da distinguere dall'ambiente circostante. Più raramente si utilizzavano anche teloni e tele mimetiche e reti mimetiche miste a fogliame per nascondere ulteriormente il carro. Non ultimo anche il fango e la neve erano un economico, ma efficace, mimetico assai utile a confondersi con l'ambiente circostante.

▲ Le croci bianche di identificazione furono rimosse dopo l'invasione della Polonia, dopo che furono usate dal nemico come aiuto per il puntamento di benvenuto.

CARRO ARMATO PANZER IV AUSF. G, UNIONE SOVIETICA, INVERNO 1942-1943

▲ Panzer IV Ausf. G (veicolo di produzione tardiva) della XIVª Panzer-Division, Stalingrado, inverno 1942-1943: equipaggiato con il cannone 7,5 cm KwK 40 L/48, versione migliorata rispetto ai modelli precedenti, con corazzature aggiuntive per resistere ai proiettili anticarro sovietici.

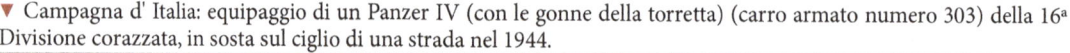

▲ Carro armato PzKpfw IV numero 625 della 12ª SS-Panzer-Division Hitlerjugend in Normandia (Bundesarchiv).

▼ Campagna d'Italia: equipaggio di un Panzer IV (con le gonne della torretta) (carro armato numero 303) della 16ª Divisione corazzata, in sosta sul ciglio di una strada nel 1944.

CARRO ARMATO PANZER IV AUSF. G, TUNISIA, PRIMAVERA 1943

▲ Panzer IV Ausf. G, XVª Panzer-Division, Tunisia, primavera 1943: veicolo di produzione tardiva, potenziato con il nuovo cannone KwK 40 L/48 da 7,5 cm, che sostituiva il precedente cannone più corto, migliorando significativamente la capacità di penetrazione contro i carri armati alleati. Impiegato durante la campagna in Tunisia, il Panzer IV Ausf. G rappresentava un adattamento alle nuove esigenze del fronte, affrontando le forze alleate in un ambiente desertico difficile e sfidante.

CARRO ARMATO PANZER IV AUSF. H, ITALIA, SETTEMBRE 1943

▲ Panzer IV Ausf. H (Sd.Kfz. 161/2), SS-Panzer-Regiment 1, SS-Panzer-Grenadier-Division "Leibstandarte SS Adolf Hitler", Milano, Italia, settembre 1943: equipaggiato con il cannone 7,5 cm KwK 40 L/48, l'Ausf. H rappresentava una versione avanzata del Panzer IV, con miglioramenti alla corazzatura e al sistema di sospensioni

PRODUZIONE ED ESPORTAZIONE

Le esportazioni del Panzer IV iniziarono principalmente prima della guerra, quando la Germania nazista cercava di rafforzare le proprie alleanze. Il primo paese ad acquisire il Panzer IV fu la Spagna, che lo utilizzò per rafforzare la propria armata durante la Guerra Civile Spagnola. Le forze nazionaliste di Francisco Franco, che godevano del sostegno della Germania fascista, ricevettero vari esemplari di Panzer IV, che vennero impiegati contro le forze repubblicane. In questo contesto, il Panzer IV dimostrò la sua efficacia in un conflitto che vide l'uso di veicoli blindati moderni.

Con l'inizio della Seconda Guerra Mondiale, la Germania continuò a utilizzare il Panzer IV per rafforzare le proprie alleanze. Nel 1940, la Bulgaria e la Romania, entrambi alleati della Germania, ricevettero alcuni esemplari del Panzer IV. Questi carri vennero impiegati principalmente in operazioni di supporto, ma la loro presenza sui campi di battaglia non ebbe un impatto tanto decisivo quanto quello delle forze tedesche. Tuttavia, la fornitura del Panzer IV ai paesi alleati dimostrò la volontà della Germania di consolidare il proprio dominio in Europa orientale, sostenendo le forze locali con equipaggiamenti avanzati.

Una delle esportazioni più significative, tuttavia, fu quella diretta verso l'Italia. La relazione tra Italia e Germania durante la Seconda Guerra Mondiale si tradusse in una cooperazione stretta anche nel settore militare. Il Panzer IV, nelle sue varie versioni, venne fornito in numero limitato all'Italia, che li utilizzò principalmente sul fronte africano e durante le campagne in Europa. Nonostante gli italiani avessero sviluppato i propri carri, come la L6/40 e le autoblinde AB 40/42, il Panzer IV divenne un supporto importante, in particolare nelle operazioni in Nord Africa, dove la sua potenza di fuoco e la sua resistenza erano cruciali contro i carri britannici. Altri paesi come la Finlandia ricevettero anche il Panzer IV, sebbene in quantità più limitate, utilizzandoli principalmente nella guerra contro l'Unione Sovietica. La Finlandia, che era inizialmente neutrale ma poi si schierò con la Germania durante la Continuazione War (1941-1944), ottenne alcuni carri come parte del supporto tedesco. Questi veicoli contribuirono alla difesa finlandese contro l'Armata Rossa, ma l'uso del Panzer IV fu solo uno degli aspetti della strategia finlandese. Nel complesso, l'esportazione del Panzer IV non solo dimostrò la sua efficacia come carro armato da combattimento, ma anche la sua capacità di adattarsi a vari scenari geopolitici. I paesi che ne fecero uso lo apprezzarono per le sue prestazioni su terreni difficili e in scenari di guerra dinamici, ma la sua produzione limitata per l'esportazione significò che non poteva mai sostituire le forze tedesche sul campo di battaglia. Tuttavia, il Panzer IV rimase uno dei carri armati più influenti della guerra, non solo per il suo impiego da parte della Germania, ma anche per la sua adozione da parte di alleati e paesi neutrali.

Bulgaria
- Acquisì 97 Panzer IV (versioni G e H) per la **Bronirana brigada** durante la Seconda Guerra Mondiale. I carri furono impiegati nelle operazioni sui vari fronti.

Cecoslovacchia
- Dopo la fine della Seconda Guerra Mondiale, l'Armata Rossa recuperò e immagazzinò numerosi veicoli blindati tedeschi, tra cui **165 Panzer IV**. Il governo cecoslovacco ottenne l'autorizzazione per usarli, recuperando altri **102 Panzer IV** dalle officine occupate dai sovietici.
- Entro il **1947**, l'**Esercito cecoslovacco** disponeva di **245 Panzer IV** nelle versioni D, G, H, J. Questi carri furono riparati e ridisegnati come **T-40/75**, rimanendo in servizio fino al 1954, quando furono sostituiti dai T-34 sovietici.

Finlandia
- Ottenne **15 Panzer IV** nel **1944**, che furono assegnati alla **Panssaridivisiooona** per rinforzare le sue capacità corazzate.

Italia
- Ricevette **12 Panzer IV Ausf. G** dalla Germania, impiegandoli nella **1ª Divisione corazzata "M"**. Dopo l'8 settembre 1943, la divisione fu sciolta e i carri ritornati sotto il controllo tedesco.

Romania

- Tra il **1942 e il 1944**, la Romania acquisì più di **116 Panzer IV**, utilizzandoli nella **Divizia 1 Blindată**. Questi carri furono impiegati sia in operazioni sul fronte orientale che per il supporto alle truppe alleate.

Siria

- Nel **1950**, la Francia vendette alla Siria **11 Panzer IV**. Successivamente, nel **1955**, la Siria acquistò **45 Panzer IV** dalla Cecoslovacchia.
- Nel **1965**, la Siria ricevette **17 Panzer IV** dalla Spagna. I carri furono coinvolti in conflitti, inclusa la **guerra dei sei giorni (1967)**, dove furono distrutti o catturati da Israele.

Slovacchia

- Dopo la Seconda Guerra Mondiale, la Cecoslovacchia, dopo aver ricevuto materiale corazzato tedesco, incluse **Panzer IV** nei suoi equipaggiamenti, utilizzandoli in numerosi settori difensivi.

Spagna

- Nel **1943**, la Spagna acquistò **20 Panzer IV Ausf. H** dalla Germania. Questi carri furono impiegati nella **División de la "Brunete"** fino al 1954, quando furono sostituiti dai carri statunitensi **M24 Chaffee**.
- Nel **1965**, furono venduti alla Siria.

Ungheria

- Nel **1942**, l'Ungheria ricevette **22 Panzer IV Ausf. F1** e **10 Panzer IV Ausf. F2**. La **1ª Divisione corazzata ungherese** li impiegò sul fronte orientale, ma questi furono distrutti durante la **controffensiva sovietica del 1943**.
- Nel 1944, il governo ungherese collaborazionista ricevette **12 Panzer IV Ausf. G** e **30 Panzer IV Ausf. H**, ma questi carri non sopravvissero alla fine della guerra.

▲ Posizioni dei membri dell'equipaggio in un carro armato tedesco Panzer IV Ausf.F2. Il conducente (1) è seduto nello scafo del veicolo nella parte anteriore a sinistra, l'operatore radio (2) siede nella parte anteriore destra, il mitragliere (3) è seduto nella torretta a sinistra del cannone, il caricatore (4) è posizionato a destra del cannone e il comandante (5) è seduto nella parte posteriore della torretta dietro il cannone.

▲ Un Panzer IV Ausf. G "413" nei colori del deserto, con la tipica insegna a forma di palma dell'Afrika Korps, con la scritta "Friederike" in caratteri Fraktur sulla canna del cannone vicino al mantello.

▼ Panzer IV Ausf. J conservato al Museo dell'insurrezione nazionale slovacca di Banská Bystrica.

▲ Relitto di un Panzer IV a seguito della battaglia di Tannenberg e lì rimasto nei boschi fino ai primi anni '50.

▼ Il relitto di un Panzer IV siriano abbandonato sulle alture del Golan, a segnalare la longevità di questo carro davvero riuscito!

CARRO ARMATO PANZER IV AUSF. H, VILLERS-BOCAGE, 13 GIUGNO 1944

▲ Panzer IV Ausf. H, 6ª Compagnia, II. Battaglione, Panzer-Lehr-Regiment 130, Panzer-Lehr-Division, Francia, Normandia, Villers-Bocage, 13 giugno 1944: dotato del cannone 7,5 cm KwK 40 L/48. Utilizzato durante la battaglia di Villers-Bocage, un'importante fase della Normandia, il carro tedesco partecipò agli scontri contro le forze britanniche, in un ambiente di combattimento urbano e campestre. La Panzer-Lehr-Division, una delle formazioni più esperte e meglio equipaggiate, impiegò il Panzer IV come uno dei suoi principali strumenti offensivi.

SCHEDA TECNICA PANZER IV SD.KFZ. 161

	Ausf. A–B-C	Ausf. D-E	Ausf. F	Ausf. G	Ausf. H	Ausf. J
Dimensioni Generali						
Peso	17,7 t C: 18,5 t	20 t E: 21 t	22,3 t F2: 23,6 t	23,6 t	25 t	=
Lunghezza	5,87 m	5,92 m	5,92 m (F2: 6,63)	6,63 m	7,02 m	=
Larghezza	2,83 m	2,84 m	2,88 m	=	=	=
Altezza	2,85 m	2,68 m	=	=	=	=
Armamento						
Armamento principale	7,5-cm-KwK 37		= (F2: KwK 40 L/43 da 7,5 cm)		7,5-cm-KwK 40	
Lunghezza del calibro (KwK)	L/24		L/24 (F2: L/43)	L/43	L/48	
Lunghezza canna (KwK)	1,80 m		1,80 m (F2: 3,22 m)	3,22 m	3,60 m	
Vita utile della canna	13.000 colpi	=	13.000 colpi (F2: 6.000)	6.000 colpi	=	=
Armamento secondario	1 MG 34	2 MG 34	=	=	=	=
Munizioni	KwK: 80 MG: 2700	=	KwK: 80 (F2: 87) MG: 3150	KwK: 87 MG: 3150	=	=
Corazzatura						
Scafo frontale	30 mm/80°	30 mm/80° (E: 30 + 30 mm)	50 mm/80°	=	80 mm/80°	=
Scafo laterale	15 mm/90°	20 mm/90° (E: 20 + 20 mm)	30 mm/90°	=	=	=
Scafo retro	15 mm/80-90°	20 mm/80-90°	=	=	=	=
Scafo sopra	10 mm	=	=	=	=	=
Scafo plancia	10 mm	=	=	=	=	=
Torretta frontale	20 mm/80° (C: 30 mm)	30 mm/80°	50 mm/80°	=	=	=
Torretta laterale	20 mm/65°	=	30 mm/65°	=	=	=
Torretta retro	20 mm/75°	=	30 mm/75°	=	=	=
Torretta alto	10 mm	=	=	=	16-25 mm	=
Mobilità						
Motore (Maybach)	HL 120 TR Motore a 12 cilindri a benzina raffreddato ad acqua		=	=	=	=
Potenza al min^{-1}	300 PS (220 kW)/3000	=	=	=	=	=
Cilindri	11,87 L	=	=	=	=	=
Cambio	6 / 1	=	=	=	=	=
Velocita Max.	40 km/h	=	=	=	=	=
Riserva	470 l	=	=	=	=	680 l
Autonomia	200 km (strada) 130 (ovunque)	=	=	=	=	300 km (strada) 180 (ovunque)
Larghezza cingoli	38 cm	=	40 cm	=	=	=

▲ Il portamunizioni posto sul retro del carro poteva trasportare tre di queste granate da 60 cm.

CARRO ARMATO PANZER IV AUSF. J

▲ Panzer IV Ausf. J (7,5 cm KwK 40 L/48) (Sd.Kfz. 161/2): ultima versione prodotta del Panzer IV, equipaggiata con il cannone 7,5 cm KwK 40 L/48, che offriva una buona capacità di penetrazione rispetto ai modelli precedenti. L'Ausf. J fu dotato di corazzatura rinforzata e semplificazioni nella produzione per far fronte alle difficoltà logistiche della fine della guerra. Tra le modifiche più evidenti, si trovano il ridotto equipaggiamento e l'assenza di alcuni dispositivi, come il visore per il comandante. Questo veicolo venne impiegato principalmente nel 1944-1945, durante le ultime fasi del conflitto, sia sul fronte orientale che su quello occidentale.

▲ Carro armato Panzer IV ed equipaggio della 12ª SS Panzer Division tedesca in Belgio o in Francia, 1943.

▼ Panzer IV condotto nelle retrovie da parte di GIs americane. Il mezzo venne catturato intatto durante il combattimento di Grandvillers, in Francia il 18 ottobre del 1944. Signal US archiv.

CARRO ARMATO PANZER IV AUSF. J, LITUANIA, OTTOBRE 1944

▲ Panzer IV Ausf. J, 7ª Compagnia, II. Battaglione, Panzer-Regiment 31, 5ª Panzer-Division, Lituania, settore di Goldap, ottobre 1944: versione finale del Panzer IV, l'Ausf. J era caratterizzato da una corazzatura rinforzata e da una riduzione dei costi di produzione, con l'eliminazione di alcune componenti non essenziali come il visore per il comandante.

CARRO ARMATO PANZER IV AUSF. J, POLONIA, MAGGIO 1945

▲ Panzer IV Ausf. J, catturato dai polacchi, destinato al 5° Squadrone di Artiglieria Corazzata e successivamente trasferito al 3° Reggimento di Addestramento Carri Armati, Polonia, maggio 1945: dopo la cattura da parte delle forze polacche alla fine della Seconda Guerra Mondiale, questo Panzer IV Ausf. J fu impiegato inizialmente per scopi di addestramento e successivamente utilizzato come veicolo per la formazione di nuove truppe corazzate polacche.

CARRO ARMATO PANZER IV AUSF. J, APRILE 1945

▲ Panzer IV Ausf. J, prodotto presso il Nibelungenwerk, aprile 1945: questa versione finale del Panzer IV venne fabbricata negli ultimi mesi della Seconda Guerra Mondiale. La produzione presso il Nibelungenwerk continuò fino alla fine della guerra, nonostante i bombardamenti e la progressiva perdita di territorio.

BIBLIOGRAFIA

- Scheibert, Horst (1991). *The Panzer IV Family.* West Chester, PA: Schiffer Military History.
- Peter Chamberlain, Hilary Doyle e Thomas L. Jentz, *Encyclopedia of German Tanks of World War Two Revised edition*, Londra, Arms & Armour Press, 1993.
- AA.VV., *Panzer Aces Profiles - Guide to camouflage ans insignia.* Accion Press Madrid, Spain
- Bruce Culver, *PzKpfw IV in action*, Carrolton, Texas, Squadron/Signal Publications, inc., 1975,
- Walter J. Spielberger, Hilary L. Doyle, Thomas L. Jentz: *Panzer IV und seine Abarten.* Motorbuch Verlag, Stuttgart 2019
- Spielberger, Walter (1993). *Panzer IV and its variants.* Atglen, PA, USA: Schiffer Military History.
- AA.VV., *Pz.Kpfw. IV Ausf. F (Sd.Kfz. 161/1)*, in Panzer - I blindati tedeschi della seconda guerra mondiale, n. 3, Novara, De Agostini, 2009
- Daniele Guglielmi, *Il Panzerkampfwagen IV*, in Storia Militare, n. 229, Parma, Ermanno Albertelli, ottobre 2012, pp. 28-36
- Wolfgang Fleischer: *Der Panzerkampfwagen IV – Rückgrat der deutschen Panzerverbände.* In: Waffen-Arsenal. Band 33. Podzun-Pallas, 2002,
- Doyle, Hilary; Jentz, Tom (2001). *Panzerkampfwagen IV Ausf. G, H and J 1942-45.* New Vanguard 39. Oxford, United Kingdom: Osprey.
- Jentz, Thomas; Doyle, Hilary (1997). *Panzer Tracts 4: Panzerkampfwagen IV - Grosstraktor to Panzerbefehlswagen IV.* Darlington Productions.
- Jentz, Thomas; Doyle, Hilary (2001). *Germany's Panzers in World War II: From Pz.Kpfw.I to Tiger II.* Atglen, PA: Schiffer Military History.
- Thomas Anderson: *Panzer IV.* Osprey Publishing, Oxford 2021
- Perrett, Bryan (1999). *Panzerkampfwagen IV Medium Tank : 1936-1945.* New Vanguard. Oxford, United Kingdom: Osprey.
- Vorschrift der Wehrmacht: *D 653/26 Panzerkampfwagen IV Fristenheft für Schmieren und Pflegearbeiten.* 1941
- Vorschrift der Wehrmacht: *D 653/25 Panzerkampfwagen IV (Sd.Kfz. 161) Ausführung A bis E - Pflegeheft.* 1939
- Caballero, Carlos; Molina, Lucas (October 2006). *Panzer IV: El puño de la Wehrmacht* (in Spanish). Valladolid, Spain: AFEditores.
- George Forty, *World War Two Tanks*, Osprey, 1995
- Robert Michulec, *Armor battles on the Eastern Front (1)*, Hong Kong, Concord pub.company,
- Dennis Oliver, *Panzer German army light tank*, Pen&Sword, Great Britain 2019.
- Fulvio Miglia, *Le armi del Terzo Reich, il Panzerkampfwagen III*, Roma, Bizzarri, 1974.
- Frido Maria von Senger und Etterlin, *Die deutschen Panzer 1926-1945*, Bernard & Graefe Verlag, 1973.
- Walter Spielberger Spielberger, Friedrich Wiener, *Die deutschen Panzerkampfwagen III und IV mit ihren Abarten*, Monaco, Lehmanns Verlag, 1968.
- Green, Michael; Anderson, Thomas; Schultz, Frank. *German Tanks of World War II.* London, UK: Zenith Imprints. ISBN 9781610607209.
- George Forty *Die deutsche Panzerwaffe im Zweiten Weltkrieg.* Bechtermünz, Augsburg 1998, ISBN 3-8289-5327-1.
- Ferdinand Maria von Senger und Etterlin *Die deutschen Panzer 1926–1945.* Bernard & Graefe, Bonn 1998, ISBN 3-7637-5988-3.

TITOLI PUBBLICATI

TWE-034 IT

www.ingramcontent.com/pod-product-compliance
Lightning Source LLC
LaVergne TN
LVHW070523070526
838199LV00072B/6691